27 Novembre 1886.

V

Vente du Samedi 27 Novembre 1886

HOTEL DROUOT, SALLE N° 4

A DEUX HEURES

OBJETS D'ART

CURIOSITÉS

ET AMEUBLEMENT

Cabinets Louis XIII, Consoles
Vitrines, Sièges, Bois sculptés Louis XV et Louis XVI
Bronzes d'art et d'ameublement, Sculptures
Faïences anciennes des différentes Fabriques
Objets de vitrine, Objets variés

EN PARTIE ARRIVANT DE PROVINCE

MEUBLES MODERNES

EXPOSITION PUBLIQUE

Le Vendredi 26 Novembre 1886, de une heure à cinq heures.

Mᵉ Léon TUAL	M. B. LASQUIN
COMMISSᵉ-PRISEUR	EXPERT
rue de la Victoire, 56	rue Laffitte, 12

PARIS — 1886

IMPRIMERIE Vve RENOU ET MAULDE

144, RUE DE RIVOLI, 144

CONDITIONS DE LA VENTE

—

Elle sera faite au comptant.

Les Acquéreurs paieront, en sus des adjudications, CINQ CENTIMES PAR FRANC applicables aux frais.

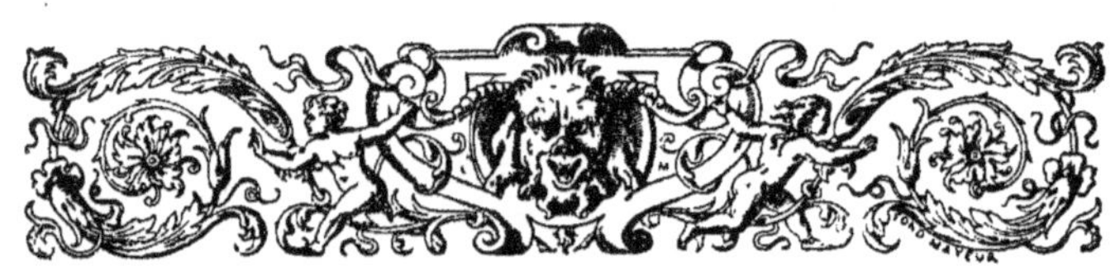

DÉSIGNATION

Collection de M. C.

ARRIVANT DE PROVINCE

MEUBLES

1 — Cabinet français, époque Louis XIII, en marqueterie à fleurs et oiseaux.

2 — Un Bureau à huit pieds à X en marqueterie, en bois d'olivier.

3 — Un Fauteuil en bois sculpté, style Louis XIV, avec tapisserie au petit point, représentant des buveurs.

4 — Deux Chaises flamandes en bois sculpté, garnies en tapisserie.

5 — Une Bibliothèque en bois de rose.

6 — Un Socle en bois sculpté, Louis XIV.

7 — Une Pendule, forme religieuse, avec ornements en étain.

8 — Un Bureau en laque du Japon, à quatre faces.

9 — Une Vitrine en vieux laque du Japon.

10 — Une Console Louis XVI en bois sculpté et à guirlandes.

11 — Un grand Cadre Louis XVI, avec fronton sculpté. représentant des instruments de musique.

12 — Deux Fauteuils Louis XVI, sculptés.

13 — Une Bergère Louis XVI, sculptée.

14 — Une Toilette Louis XVI, à trois vantaux, en marqueterie, à fleurs.

15 — Une Table à jeu, forme triangle, en bois de rose.

16 — Une Table à jeu, à damier.

17 — Une Console Louis XV en bois sculpté et doré.

18 — Une Pendule Louis XVI, en bronze ciselé et doré.

19 — Un Cabinet à écrire en écaille, ébène et ivoire.

20 — Deux Panneaux Louis XVI en bois sculpté.

21 — Un Surtout de table, en bois sculpté et doré, portant l'adresse du fabricant Brisson, vannier, à Paris.

22 — Un grand Plateau rond, en vieux laque du Japon.

22 *bis* — Un Miroir Louis XVI, en bois sculpté et doré.

22 *ter* — Un petit Miroir Louis XIII, avec garnitures estampées et argentées.

23 — Deux Salières Empire, en doublé.

24 — Un Couteau de dessert à double lame, manche orné de peintures.

25 — Une paire de Chandeliers en bronze doré, fleur-delisés.

26 — Un Chauffoir en cuivre repoussé aux armes de l'abbaye de Saint-Pierre-les-Dames-de-Reims et de Mme Marthe-Charlotte de la Rochefoucault, nommée abbesse le 14 mai 1744 (dessous dans un cercle, S P, 1744.

27 — Un Encrier en bronze ciselé et doré, en forme de gondole, très finement ciselé et signé J. Ritzer, Fec. in Nurenberg.

28 — Une Statuette en bronze, représentant une jeune négresse esclave tenant un oiseau sur son sein.

29 — Un Chandelier aux armes de Monseigneur Gabriel-Philippe Frolay de Tessé, évêque d'Avranches, de 1669 à 1689.

30 — Une Plaque en cuivre, aux armes de Monseigneur Louis-Hector-Honoré-Maxime de Sabran, évêque, duc de Laon, et grand aumônier de la reine Marie-Antoinette.

31 — Un Mortier avec son pilon, en métal de cloche, orné de cariatides et de mascarons.

31 *bis* — Un grand Plat en cuivre repoussé et argenté.

31 *ter* — Un Plat en étain armorié, portant les armes de la famille Le Coq.

31 *quater* — Morceau de tapisserie au petit point, aux armes de Monseigneur de Villeneuve.

32 — Deux Gourdes en verre, dont une fleurdelisée et trois Bouteilles à poudre et à tabac.

33 — Un Moutardier et une Poivrière en verre de Bohême doré.

34 — Une Cuvette et son pot à eau, en verre taillé.

35 — Une Assiette en Rouen, avec décor polychrome guirlandes et corbeilles.

36 — Une grande Fontaine à pans coupés, très riches décors Bérain, fronton composé d'une tête de satyre entre deux dauphins ; sur la face de la fontaine un Ganymède, et, de chaque côté, un Amour.

37 — Grande Gourde en faïence avec armoiries d'azur, à trois étoiles d'argent à une bande d'or chargée de trois bezans d'or.

38 — Grande Bouteille en faïence de Lorraine, fond vert, et portant sur la panse la Provid. a bien remplie, pour les faïenciers, 1778.

39 — Broc normand, représentant sur la face un paysan tenant un pot de cidre et une femme.

40 — Petite Gourde en faïence, forme baril, avec sa garniture en étain.

41 — Cuvette en Rouen, décor polychrome.

42 — Deux Saucières à fleurs, en Strasbourg.

42 *bis* — Deux Assiettes blanches à bords dorés, en en Strasbourg.

43 — Un Sucrier à sucre en poudre, avec sa cuillère en faïence des Islettes.

44 — Une Ravière en faïence des Islettes.

45 — Un Huilier avec ses burettes, et une Salière en faïence de Sinceny.

46 — Un Plat à fleurs, décor polychrome en faïence de Sinceny.

47 — Un grand Plat rond en faïence de Marrans, fleurs, Chinois et oiseaux fantastiques.

48 — Un Encrier en Rouen, décor bleu sur blanc.

49 — Une Salière en Rouen, signée A., décor bleu sur blanc.

50 — Une Terrine à pâté, en terre d'Epernay, avec fleurs de lys en relief.

51 — Un grand Vase à fleurs et anses torses, décor bleu sur blanc.

52 — Soupière en faïence de Lille, avec son plat, décor, lambrequins genre Rouen, le bouton formé d'un dauphin, écrevisses et coquilles.

53 — Assiettes à paysage, faïence de Nevers, signé B.

54 — Petit Vase à fleurs, décor bleu et manganèse.

55 — Une Assiette en faïence de Delft, dragons fantastiques et fleurs, signé A. D.

56 — Deux petits Cornets à fond vert d'eau, décors chinois, faïence de Delft.

57 — Deux Assiettes en faïence du Nord, aux armes d'une abbesse, à bande d'argent sur fond d'azur.

58 — Plat polychrome en faïence de Delft.

59 — Grand Plat rond, à fond caillouté, en faïence inconnue.

60 — Plat rond en faïence de Minton.

61 — Petit Plat en Nevers, bouquet de fleurs.

62 — Deux Cornets, décor polychrome à guirlandes.

63 — Un Encrier en faïence de Moustiers, décors verts.

64 — Deux Assiettes en terre de Sarreguemines, à fond d'or caillouté.

65 — Deux Assiettes en terre de Sarreguemines, avec bordure à jours.

66 — Une Cafetière, un Sucrier, quatre Tasses à café et deux Tasses à thé, en Sarreguemines noir et or.

67 — Deux grands Vases en faïence de Longwy, portant sur la face des Amours en relief, dont l'un tient une coupe au-dessus de laquelle l'autre presse une grappe de raisin.

68 — Un grand Surtout de table blanc à jours en faïence de Saint-Clément.

69 — Une grande Cruche, formant une tête de guivre, terre inconnue.

70 — Une Assiette et deux Tasses en porcelaine de Niederwiller.

71 — Une Tasse et sa Soucoupe en porcelaine de Saint-Cloud.

72 — Trois Pots de toilette en porcelaine de Lille, décors de Saint-Cloud.

73 — Biscuit représentant Vénus et l'Amour.

74 — Buste en terre représentant Bonaparte 1er Consul.

75 — Biscuit représentant Diane chasseresse.

76 — Deux Cornets bleus en vieux Japon.

77 — Potiche bleue à paysage, en vieux Japon.

78 — Un Cornet à décor polychrome en vieux Japon doré.

79 — Une Théière en vieux Chine.

80 — Une Garniture de deux Cornets et d'une Potiche en vieux céladon.

81 — Un Brûle-Parfums en boccaro.

82 — Deux Assiettes en porcelaine de Sceaux.

83 — Petit Poêle en faïence blanche.

84 — Une Statuette de Léda et le Cygne en terre d'Avignon.

85 — Un Grés de Flandre avec personnages et inscription.

86 — Deux Dessins au crayon représentant un Fumeur et une Coupeuse de choux. Sous verres, dans des cadres sculptés.

87 — Un Dessin sous verre : Boyis, Jeune Fille lisant dans un parc.

88 — Un Dessin Huet, au crayon rouge : Femme conduisant un âne.

89 — Portrait en cire, en demi-relief, de Mlle de Saint-Georges, chanoinesse du chapitre du Saint-Sépulcre, à Charleville.

90 — Modèle de costume de l'époque Louis XIV. Sous verre uni, avec étoffe.

91 — Quatre Écrans de l'époque Louis XV, représentant la place du Carrousel, l'École militaire, la prise de Fribourg, et la prise de Prague.

92 — Deux Gravures représentant la descente des ballons. Dans des cadres sculptés.

93 — Deux Tableaux sous verres, peints en couleurs, représentant des personnages de l'époque Louis XIV.

94 — Quatre Médaillons en terre cuite, représentant les travaux d'Hercule.

95 — Une paire de Chandeliers et une paire d'Appliques en cuivre gravé et argenté xviie siècle.

96 — Un Portefeuille en maroquin, avec armoiries.

97 — Une Râpe à tabac écaille et ébène, représentant une Chasse au lièvre.

98 — Un Éventail représentant la prise de la Bastille.

99 — Un Groupe d'oiseaux, sur verre en blanc de Chine.

Objets appartenant à M. ***

BRONZES

101 — Chien assis en bronze à patine brune, du temps
de Louis XVI, sur un coussin en bronze doré,
avec socle en marbre campan.

102 — Buste de Faune en bronze à patine brune, socle
en marbre griotte.

103 — Buste de jeune Femme, en bronze de Thiébaut.

104 — Figure en bronze à patine verte du temps de
Louis XVI : Enfant assis tenant une colombe.

105 — Trois Pièces en bronze : Deux Chutes à figures
d'enfants et un petit Coq.

106 — Groupe en bronze du Japon : Personnage com-
battant un dragon, et une Couveuse en bronze
du Japon, formant brûle-parfums.

107 — Deux Pièces en bronze : un Flambeau enfant sur
dauphin et une petite Lampe modèle antique.

108 — Deux Coupes en bronze, sur socles en marbre de
Sienne.

109 — Petit Lustre, à 6 lumières, en bronze doré.

110 — Petit Buste de Charles X, Statuette de Louis-
Philippe en fonte, et Buste du duc d'Aumale
en bronze.

111 — Petite Pendule du temps de l'Empire, à figure
d'Amour, en bronze doré.

112 — Sept Pièces en cuivre : Brasero, Réchauds, Jardi-
nières.

113 — Deux Appliques en cuivre, à fond de glace.

114 — Deux Chenets Louis XIII en cuivre.

115 — Lustre et quatre Appliques en bronze doré.

116 — Trois petits Braseros en bronze japonais, un en forme de jonque, un formé d'un cheval, et le troisième d'un éléphant.

117 — Groupe en bronze de trois figures, sujet de pendule.

SCULPTURES

118 — Buste de femme en marbre blanc.

119 — Buste de femme en terre cuite.

120 — Figurine de nymphe couchée et Buste de Napoléon Ier en biscuit.

121 — Bustes de Napoléon III et de l'impératrice Eugénie, en biscuit.

122 — Lot de Médaillons en terre cuite, d'après Nini.

123 — Petit Obélisque en porphyre rouge oriental, avec monture en bronze ciselé et doré sur piédestal en marbre blanc, granit rose d'Égypte et socle en marbres divers. Époque Louis XVI.

OBJETS DIVERS

124 — Deux Coupes à socles et couvercles en bois sculpté et découpé à jour, travail chinois.

125 — Deux pièces : Plateau à verre d'eau à fond de glace et Plat en étain argenté.

126 — Deux Plats de forme ovale en cuivre estampé.

127 — Lot d'Arcs, de Flèches et Armes des colonies.

128 — Sous ce numéro : Coffret, Écran, Vases et divers Objets.

129 — Cachet : une Figurine en ivoire sculpté.

130 — Boîte de compas avec instruments en argent.

131 — Christ en ivoire sculpté.

132 — Thermomètre en forme de clef.

133 — Deux Éventails, l'un décoré dans le goût de Boucher.

134 — Deux petits Gobelets en argent, avec soucoupes.

135 — Une Montre ancienne avec sa chaîne.

136 — Une Coupe à pains à cacheter en argent.

137 — Un Bougeoir en argent.

138 — Un Carnet de bal.

139 — Une petite Boîte en argent, forme reliquaire.

140 — Un Cachet en argent formant étui.

141 — Lot de Médailles en cuivre et en or.

142 — Miniature : Portrait de Marie de Médicis.

143 — Gouache attribuée à Van Balen.

144 — Dessin à la sépia, par Viollet-le-Duc.

145 — Porte-Coran en mosaïque de Bombay.

146 — Deux Lanternes en tôle découpée.

147 — Livre de prières avec reliure ancienne et une gravure ancienne.

148 — Cadre ovale en bois sculpté et doré.

149 — Encrier et Coffret en marqueterie.

FAIENCES

150 — Armes diverses (Ce lot sera divisé).

151 — Potiche en faïence de Delft, décor bleu.

152 — Jardinière en faïence de Marseille, à anses, branchages.

153 — Une Écuelle en Saxe.

154 — Huit Pièces en faïence.

155 — Figure de marquis, en Saxe moderne, un Poussah et un petit Buste en terre cuite et deux Pièces en verre.

156 — Plat en faïence italienne, dans un cadre octogone doré en partie, et un Vase à fleurs.

MEUBLES

157 — Joli Cabinet, du temps de Louis XIII, garni de quatre rangs de tiroirs en ébène incrusté d'ornements en ivoire et d'un petit portique en ivoire gravé. Sur un support à fond plein et à colonnettes torses sur le devant. Le haut est surmonté d'une galerie partie en bois et partie en cuivre découpé.

158 — Cabinet Louis XIII en bois d'ébène incrusté de filets d'ivoire avec entrées de serrures en bronze ciselé et doré, muni de cinq rangs de tiroirs avec tabernacle. Support en bois noir à colonnes torses.

159 — Petit Guéridon en bois doré, avec dessus en broderie de soie ancienne représentant l'Agneau pascal.

160 — Petite Table en bois peint en blanc, avec dessus bouquet de fleurs peint sur soie.

161 — Coffret italien en bois gravé, à figures, avec compartiments à l'intérieur.

162 — Grande Armoire hollandaise en marqueterie.

163 — Paravent à 4 feuilles, en broderie chinoise.
164 — Tablette de cheminée en ancien satin crème brodé.
165 — Pouf carré, dessus en broderie turque en or.
166 — Chaise longue recouverte en drap olive.
167 — Lit en fer, avec sujet en relief.
168 — Table de nuit en chêne sculpté.
169 — Lanterne chinoise.
170 — Meuble d'entre-deux, genre Boule.
171 — Table, même genre.
172 — Table à ouvrage laquée.
173 — Cave à liqueurs en marqueterie.
174 — Meuble de style Louis XV, composé de trois Canapés, deux Fauteuils et six Chaises.
175 — Service à punch, en cristal taillé.
176 — Glace ovale.
177 — Deux petits Magots de la Chine en bois sculpté.
178 — Trois Lampes.
179 — Table de salle à manger, sculptée.
180 — Garniture de : un Canapé, deux Fauteuils et deux Chaises en tapisserie d'Aubusson à fleurs.
181 — Lot d'Étoffes.

Vve Renou et Maulde, imprimeurs de la Compagnie des Commissaires-Priseurs. rue de Rivoli, 144.   300—73279